A REVOLUÇÃO FRANCESA passo a passo

A REVOLUÇÃO FRANCESA

passo a passo

Gérard Dhôtel

ilustrações de Nikol

Tradução de
Julia da Rosa Simões

claroenigma

Copyright © 2011 by Actes Sud

Grafia atualizada segundo o Acordo Ortográfico da Língua Portuguesa de 1990, que entrou em vigor no Brasil em 2009.

Título original
La Révolution Française à petits pas

Preparação
Alexandre Boide

Revisão
Jane Pessoa
Isabel Cury

Dados Internacionais de Catalogação na Publicação (CIP)
(Câmara Brasileira do Livro, SP, Brasil)

Dhôtel, Gérard, 1955-2015.
A Revolução Francesa passo a passo / Gérard Dhôtel :
ilustrações de Nikol ; tradução de Julia da Rosa Simões. — 1ª ed. —
São Paulo : Claro Enigma, 2015.

Título original: La Révolution Française à petits pas.
Bibliografia
ISBN 978-85-8166-122-3

1. França História – Revolução, 1789-1799 – Literatura juvenil
I. Nikol. II. Título.

15-04307   CDD-028.5

Índice para catálogo sistemático:
1. Revolução Francesa : Literatura juvenil 028.5

4ª reimpressão

Todos os direitos desta edição reservados à
EDITORA CLARO ENIGMA LTDA.
Rua Bandeira Paulista, 702, cj. 71
04532-002 — São Paulo — SP — Brasil
Telefone: (11) 3707-3531
www.companhiadasletras.com.br
www.blogdacompanhia.com.br

Sumário

Os dez anos que mudaram a França	p. 6
Ideias revolucionárias	p. 8
O sonho americano	p. 10
A Europa em 1789	p. 12
Luís XVI, o rei que hesitava demais	p. 14
Maria Antonieta, a mal-amada	p. 16
A França andava mal	p. 18
Três ordens estanques	p. 20
Os franceses se pronunciaram	p. 22
Barulho nos Estados-Gerais	p. 24
O juramento dos deputados	p. 26
A Bastilha caiu!	p. 28
Pânico no campo	p. 30
A incrível noite de 4 de agosto	p. 32
Um padeiro em Paris	p. 34
O divórcio da Revolução e da Igreja	p. 36
O rei fugiu!	p. 38
O que fazer com o rei?	p. 40
Adeus, monarquia!	p. 42
Valmy: até que enfim uma boa notícia!	p. 44
Viva a República!	p. 46
O processo de Luís XVI	p. 48
A morte de um rei	p. 50
O levante da Vendeia	p. 52
Que Terror!	p. 54
As cabeças começaram a rolar	p. 56
A queda do Incorruptível	p. 58
Danton, o gigante	p. 60
Robespierre, o Incorruptível	p. 62
Olympe de Gouges, em nome das mulheres	p. 64
A República "burguesa"	p. 66
Bonaparte, o novo astro	p. 68
Como terminar uma revolução	p. 70
A Revolução serviu para alguma coisa?	p. 72
Lembranças da Revolução	p. 74
Teste	p. 76

Os dez anos que mudaram a França

Revolução Francesa é o nome dado ao conjunto dos acontecimentos ocorridos entre maio de 1789 e novembro de 1799 na França. Esse período marcou para sempre a história do país.

As grandes datas

1789
5 de maio: Luís XVI reúne os Estados-Gerais.
20 de junho: juramento do Jeu de Paume.
9 de julho: Assembleia Nacional Constituinte.
14 de julho: queda da Bastilha.
4 de agosto: abolição dos privilégios.
26 de agosto: Declaração dos Direitos do Homem e do Cidadão.
6 de outubro: o rei e a família real são conduzidos de Versalhes a Paris.

1790
14 de julho: Festa da Federação.

1791
21 de junho: fuga e detenção do rei.
1º de outubro: Assembleia Legislativa.

1792
11 de julho: a pátria é declarada em perigo.
10 de agosto: queda da realeza e prisão do rei.
2-7 de setembro: massacres em Paris.
20 de setembro: vitória de Valmy.
21 de setembro: a Convenção proclama a República.

1793
21 de janeiro: execução de Luís XVI.
10 de março: insurreição na Vendeia.
2 de junho: golpe de Estado dos Montanheses.
5 de setembro: o Terror entra na ordem do dia.
16 de outubro: Maria Antonieta é guilhotinada.

1794
5 de abril: execução de Danton.
28 de julho: execução de Robespierre.

1795
26 de outubro: a Convenção dá lugar ao Diretório.

1799
10 de novembro: golpe de Estado de Bonaparte.

Glossário da Revolução

Antigo Regime: nome dado à monarquia absolutista a partir de 1792.

Aristocratas: como eram chamados os nobres, depois os opositores da Revolução.

Cidadão: em 1793, as palavras "senhor" e "senhora" foram substituídas por "cidadão" e "cidadã". As formas de tratamento mais formais foram abolidas.

Constituição: conjunto de regras que determinam o funcionamento do Estado.

Democracia: regime político em que o poder é exercido por representantes eleitos pelos cidadãos. A França é hoje uma democracia.

Monarquia absolutista: quando o rei detém todos os poderes. Na monarquia parlamentar, ele divide o poder com um Parlamento eleito (regime hoje em vigor no Reino Unido e na Suécia).

Filósofo: escritor e pensador que estuda o lugar e o papel do homem no mundo.

República: forma de governo em que o chefe de Estado (o presidente) não é o único a deter o poder. A França é uma república.

Ideias revolucionárias

Talvez não ocorresse uma Revolução se os filósofos não tivessem pensado que os homens podiam viver de maneira mais livre e mais feliz.

Conversas de salão
Em meados do século XVIII, quando Luís XV ainda reinava, homens e mulheres se reuniam à noite nos belos salões parisienses. Médicos, jornalistas e advogados discutiam as novas ideias difundidas por Voltaire, Rousseau e Montesquieu. Os chamados "filósofos iluministas" criticavam a monarquia absolutista praticada havia séculos na Europa e denunciavam privilégios.

Ideias revolucionárias
Em torno da mesa, conversava-se, por exemplo, sobre o livro de um certo Montesquieu, *O espírito das leis*, escrito em 1748. Para esse barão de Bordeaux, os poderes executivo, legislativo e judiciário deveriam ser divididos, em vez de permanecerem nas mãos do rei. Em outros momentos, liam-se trechos de *O contrato social*, de Rousseau, que abordava o pacto que deveria unir governantes e governados. Segundo o autor, se os primeiros não cumprissem com seus deveres, os segundos poderiam cassá-los! A ideia de tolerância religiosa pregada por Voltaire também estava na moda.

A colossal *Enciclopédia*!

Em 1772, falava-se muito de uma grande obra em dezessete volumes que reunia a totalidade dos conhecimentos da época. Era a *Enciclopédia*, dirigida por Denis Diderot e pelo matemático D'Alembert, na qual eram desenvolvidas as ideias dos filósofos. Essas ideias tiveram um papel fundamental na vitória da Revolução.

Ideias que agradaram

Os burgueses dos salões andavam furiosos, pois não aguentavam mais ter que pagar impostos enquanto os nobres eram dispensados dessa obrigação. Como sonhavam em desempenhar um papel político na vida do país, era compreensível que ficassem encantados com as ideias dos filósofos. Em outros lugares, porém, principalmente no campo, nunca se ouvia falar em Iluminismo...

Você sabia?

Nenhum dos grandes filósofos iluministas viveu o período da Revolução. Charles de Secondat, barão de Montesquieu, nascido em 1689, morreu em 1755. François Marie Arouet, conhecido como Voltaire, nasceu em 1694 e morreu em 1778. Jean-Jacques Rousseau viveu de 1712 a 1778. E Denis Diderot, nascido em 1713, morreu em 1784.

O sonho americano

Alguns anos antes dos franceses, os rebeldes americanos fizeram sua revolução.

A "Boston Tea Party", ou "Festa do Chá de Boston"

Em 1776, a Inglaterra teve sérios problemas com suas colônias nas Américas. Do outro lado do Atlântico, revoltosos questionavam sua autoridade. Os rebeldes eram escoceses, irlandeses e holandeses cujos ancestrais tinham chegado ao Novo Mundo no século XVII, a partir de 1603. Eles não se sentiam respeitados e não entendiam por que não tinham representantes no Parlamento de Londres. Em 16 de dezembro de 1773, os habitantes de Boston se opuseram ao pagamento de novos impostos, jogando ao mar uma carga de chá inglês. Essa manifestação de descontentamento, chamada de "Festa do Chá de Boston", irritou profundamente o rei da Inglaterra, George III.

Independence Day

Em setembro de 1774, os representantes das treze colônias inglesas da América decidiram recrutar um exército de voluntários e comprar armas da Europa. Os ingleses reagiram enviando tropas ao continente. Em 4 de julho de 1776, os americanos foram ainda mais longe: escreveram uma Declaração de Independência, na qual podiam ser encontradas as ideias dos filósofos iluministas. Os ingleses a rejeitaram. Foi o início da guerra...

10

A aliança franco-americana

Na França, a América estava na moda. Os "insurgentes" faziam sonhar os jovens nobres, ávidos de aventuras. Isso viria a calhar! O rei Luís XVI decidiu ajudar a rebelião americana, para calar a boca dos ingleses. Em 1777, soldados franceses comandados por La Fayette se uniram aos rebeldes. Em 1781, as tropas franco-americanas derrotaram os ingleses em Yorktown. Vencida, a Inglaterra assinou o Tratado de Paris, em 20 de janeiro de 1783, e reconheceu a independência das treze colônias, que fundaram um novo país, os Estados Unidos da América.

O exemplo americano

Na França, a guerra na América esvaziou os cofres do já magro tesouro real. Por outro lado, os colonos americanos serviram de exemplo aos que queriam acabar com a monarquia absolutista...

Quem foi La Fayette?

De todos os jovens da nobreza atraídos pela aventura na América, o mais conhecido foi o marquês de La Fayette (1757-1834). Ele partiu aos vinte anos, tornou-se oficial do Exército americano, fez amizade com o futuro presidente dos Estados Unidos George Washington e participou de muitos combates. Quando voltou para a França, era um verdadeiro astro! Desempenhou um papel importante durante a Revolução.

A Europa em 1789

A França era uma grande potência, mas não a única. Também havia a Áustria, a Prússia e a Inglaterra.

Monarquias absolutistas e despotismo esclarecido
Em quase todos os países, França e Áustria, Prússia e Rússia, os soberanos reinavam sozinhos. Vivia-se o chamado absolutismo. Mas monarcas como Frederico II, da Prússia, e Catarina II, da Rússia, se interessavam pelas ideias dos filósofos. Foram déspotas esclarecidos.

A Inglaterra, monarquia parlamentar
Desde a revolução de 1688, a Inglaterra era uma monarquia parlamentar: o rei ocupava o trono, mas não governava. George III, rei da Grã-Bretanha e da Irlanda desde 1760, deixava o ministro Pitt tratar dos negócios do reino.

A Espanha enfraquecida
A morte de Carlos III, rei de 1759 a 1788, foi catastrófica para a Espanha, pois seu filho, Carlos IV, era um soberano medíocre. Mesmo assim, seu reino continuou sendo uma potência colonial.

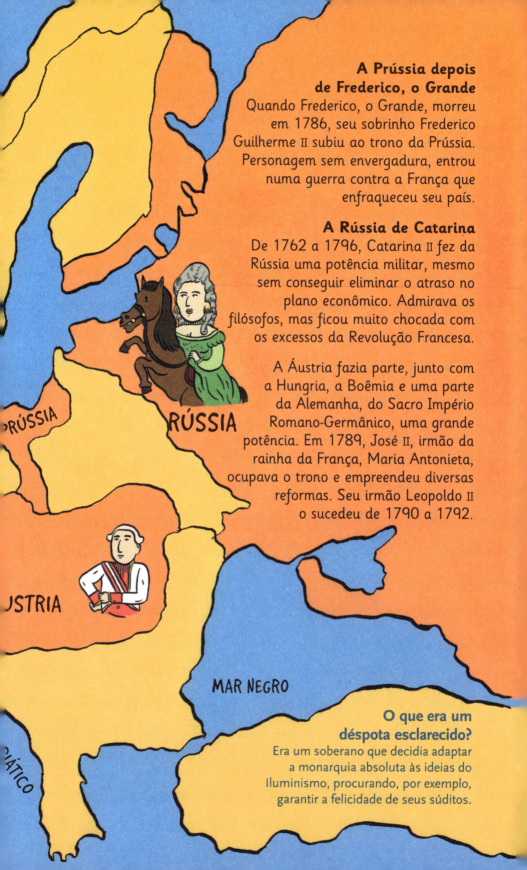

A Prússia depois de Frederico, o Grande

Quando Frederico, o Grande, morreu em 1786, seu sobrinho Frederico Guilherme II subiu ao trono da Prússia. Personagem sem envergadura, entrou numa guerra contra a França que enfraqueceu seu país.

A Rússia de Catarina

De 1762 a 1796, Catarina II fez da Rússia uma potência militar, mesmo sem conseguir eliminar o atraso no plano econômico. Admirava os filósofos, mas ficou muito chocada com os excessos da Revolução Francesa.

A Áustria fazia parte, junto com a Hungria, a Boêmia e uma parte da Alemanha, do Sacro Império Romano-Germânico, uma grande potência. Em 1789, José II, irmão da rainha da França, Maria Antonieta, ocupava o trono e empreendeu diversas reformas. Seu irmão Leopoldo II o sucedeu de 1790 a 1792.

O que era um déspota esclarecido?

Era um soberano que decidia adaptar a monarquia absoluta às ideias do Iluminismo, procurando, por exemplo, garantir a felicidade de seus súditos.

Luís XVI, o rei que hesitava demais

Em 1789, Luís XVI era rei havia quinze anos. Foi um monarca influenciável e hesitante, que não sabia tomar boas decisões.

Um rei jovem demais

"O rei está morto! Viva o rei!" Em 10 de maio de 1774, Luís XV, que reinava na França desde 1715, morreu. Seu neto, Luís Augusto, duque de Berry, subiu ao trono. "Deus nos proteja, somos jovens demais", disse o delfim à cabeceira do avô. Luís tinha apenas vinte anos, nascera em 23 de agosto de 1754. A morte do pai e de dois irmãos mais velhos o havia transformado em herdeiro do trono aos onze anos de idade. Maria Antonieta, com quem casou em 16 de maio de 1770, era mais jovem ainda.

Tímido e hesitante

Para piorar, Luís não tinha sido iniciado no ofício de rei. Ninguém o ensinara a manter-se ereto, a saudar, a sentir-se à vontade na corte. Não que não tivesse qualidades, pois era inteligente e tinha uma excelente memória, mas uma grande timidez punha tudo a perder. Ele não ousava olhar de frente para as pessoas. Falar em público, então, era um suplício. No dia da coroação, quando disse "Quero ser Luís, o Severo", os nobres da corte riram dele. O monarca nunca teve autoridade ou energia suficientes para agir de acordo com seu papel. De todo modo, preferia dedicar seu tempo a algumas paixões: geografia, ciência, línguas estrangeiras, serralheria, caça... O problema foi que, ao longo de todo o reinado, marcado por acontecimentos graves, se manteve hesitante e influenciável. Raras vezes tomou decisões acertadas, ou tomou-as tarde demais...

Um grande desperdício

Mesmo assim, tudo começou bem. O jovem Luís era amado pelos súditos. Chamavam-no inclusive de "Luís, o Benfeitor". O povo respeitava aquele homem encorpado de ares nobres. Ele era bom e caridoso. Desde o início do reinado, conselheiros o incitaram a dar início a uma política de reformas para modernizar o país, mas ele hesitava e não conseguia tomar uma iniciativa... Assim, ano após ano, tornou-se um rei pouco confiável, até morrer, em 21 de janeiro de 1793.

Você sabia?
Dois irmãos de Luís XVI se tornaram reis. Luís XVIII reinou de abril de 1814 a março de 1815 e, depois, de julho de 1815 a 1824. Carlos X foi rei de 1824 a 1830.

Maria Antonieta, a mal-amada

A princesa austríaca, que se tornou rainha da França, exerceu grande influência sobre o rei. Os franceses a criticavam por isso e chegaram a odiá-la.

Uma união diplomática

Maria Teresa, imperatriz austríaca, queria estreitar os laços com a França, país contra o qual a Áustria havia guerreado inúmeras vezes. O que poderia ser melhor que um bom casamento para selar uma aliança? As duas potências uniram o delfim da França, Luís, com a 15ª dos dezesseis filhos de Maria Teresa, a pequena arquiduquesa Maria Antônia Josefa Joana, nascida em 2 de novembro de 1755.

O casamento de dois adolescentes

Em 21 de abril de 1770, a jovem princesa, que não tinha nem quinze anos, despediu-se de Viena. Em 14 de maio, o delfim a viu pela primeira vez. Constrangido e tímido, mal ousou dirigir-lhe a palavra. O casamento ocorreu no dia 16 de maio, em Versalhes.

Uma jovem frívola
Maria Antonieta era uma jovem esperta e petulante, um tanto selvagem. Não suportava obrigações. Amava a liberdade, divertir-se, dançar, cantar, usar perucas excêntricas, joias e pedras preciosas. Não tinha uma beleza perfeita, mas era muito charmosa.

A mal-amada
No início, a jovem princesa foi adulada. A partir de 1776, porém, o povo começou a criticá-la por desperdiçar o dinheiro do Estado em festas e apelidou-a de "Madame Déficit". O Caso do Colar, uma fraude de que ela foi vítima, comprometeu o que restava de sua reputação. Pouco depois, sua vida privada foi devassada, e espalhou-se o rumor de que era infiel ao rei. As dificuldades do casal real em ter um primeiro filho alimentavam os mexericos. Ela os enfrentou com coragem e dignidade.

A rainha guilhotinada
Em 11 de junho de 1774, Luís e Maria Antonieta foram coroados rei e rainha da França. Maria Antonieta se tornou cada vez mais impopular junto aos franceses, que a apelidaram de "Austríaca", pois desconfiavam que traía a França em proveito do país natal. Pouco a pouco, o desamor se transformou em ódio. Ela foi guilhotinada em 16 de outubro de 1793.

Você sabia?
Luís XVI e Maria Antonieta tiveram quatro filhos, dos quais três morreram muito jovens: uma menina, Maria Teresa (1778-1851), um menino, Luís José (1781-9), um segundo menino, Luís Carlos (1785-95), que se tornou Luís XVII mas não reinou, e uma última menina, Sofia Helena Beatriz (1786-7).

A França andava mal

Em junho de 1789, o reino vivia uma grave crise financeira e econômica. O conflito era iminente.

Não havia mais trigo
Fazia vários anos que as colheitas eram desastrosas. Depois de um verão úmido, o inverno de 1788-9 foi muito rigoroso. Em Paris, o Sena congelou. O trigo não germinou e, com isso, o preço do pão não parou de subir. As pessoas não tinham dinheiro e ainda precisavam pagar impostos. No campo e nas cidades, a miséria se alastrava.

Todos estavam descontentes
Por mais que o rei mandasse distribuir dinheiro e mantimentos aos mais pobres, não havia muito que fazer. Motins e pilhagens se multiplicavam. Todos estavam descontentes: os camponeses, que sofriam com a miséria, os burgueses, que queriam que as coisas mudassem, e mesmo alguns nobres, que percebiam que algo não ia bem no reino.

Os cofres estavam vazios

Além da crise econômica, a França precisava enfrentar um grave problema financeiro. Não havia mais dinheiro nos cofres do país, em parte por causa da guerra na América, que tinha custado muito caro, e em parte por causa da corte, que torrava o tesouro real em festas, bailes, concertos e fogos de artifício.

As reformas eram bloqueadas

O rei não sabia direito o que fazer para melhorar a situação. Os sucessivos ministros, Turgot, Necker e Calonne, tentavam implementar reformas visando à igualdade na cobrança de impostos, mas os parlamentos, que o rei precisava consultar, sempre as rejeitavam.

A insatisfação crescia

A região do Dauphiné conheceu os motins mais sangrentos. Em 7 de junho de 1788, em Grenoble, a multidão agiu com violência, atirando telhas nos soldados. Em 21 de julho, perto dali, no castelo de Vizille, representantes da região exigiram a reunião dos Estados-Gerais. Depois de longas hesitações, Luís XVI aceitou convocá-los. A população esperava muito dessa assembleia dos representantes de todas as camadas da sociedade. Talvez até demais...

Você sabia?

Com 28 milhões de habitantes, a França era, em 1789, o país mais populoso da Europa. Havia cerca de 350 mil nobres, mas 20 milhões de camponeses! A expectativa de vida de um homem era de 28 anos (contra os 75 de hoje) e de uma mulher, trinta anos (hoje, 83). Cada família tinha em média quatro filhos.

Três ordens estanques

A sociedade francesa estava dividida em três grupos chamados "ordens": a nobreza, o clero e o Terceiro Estado. Sua composição era bem mais complexa do que parece.

A nobreza

Os nobres podiam ser encontrados na corte de Versalhes, eram muito ricos e levavam uma vida de luxo, em parte patrocinada pelas pensões que recebiam do rei. Entre eles havia os nobres de espada, dispensados de pagar os impostos porque os compensavam com seu sangue nos campos de batalha. Os nobres de toga eram burgueses com uma fortuna tão grande que conseguiam comprar títulos de nobreza. Participavam dos parlamentos e da administração. Assumiam o comando do Estado, portanto, e seu objetivo era ter cada vez mais poder, por isso rejeitavam as reformas. Com poucas exceções, os nobres não tinham nenhuma intenção de renunciar aos privilégios, ao poder e aos bens de que usufruíam. Resultado: a nobreza era, para o povo, o inimigo a ser vencido.

O clero

Havia o alto clero, riquíssimo, composto de cardeais e bispos quase sempre vindos da nobreza, e o baixo clero (sobretudo párocos), de origem mais modesta, pobre e humilde. A Igreja da França possuía um décimo das terras do país e recebia um imposto pago pelos camponeses: o dízimo. Esse imposto beneficiava os bispos e cardeais, mas não o baixo clero, cada vez mais revoltado com essa injustiça.

O Terceiro Estado

Quem não era nobre ou membro do clero fazia parte do Terceiro Estado, isto é, pertencia a 96% da população. Essa ordem incluía também os burgueses: banqueiros, comerciantes, advogados, tabeliães, escritores, médicos... Eles às vezes eram muito ricos, a ponto de poderem emprestar dinheiro ao tesouro real. Muitos liam os livros dos filósofos e se impregnavam de suas ideias, o que explica terem levado o povo à Revolução. Essa ordem também era formada pelos operários e artesãos das cidades, bem como pelos camponeses, quase sempre muito pobres. No início do ano de 1789, o Terceiro Estado exigiu a supressão do dízimo, da gabela e dos impostos senhoriais, bem como a igualdade tributária.

O que eram o dízimo e a gabela?

O **dízimo** era um imposto em espécie pago ao clero: os camponeses entregavam um décimo das colheitas. A **gabela** era um imposto indireto sobre o sal, gênero de primeira necessidade. A **talha** era paga ao rei pelo povo, mas não pelos nobres. A **corveia** era o trabalho gratuito e obrigatório devido ao senhor. Esses impostos, extremamente impopulares, foram abolidos em 1790 e 1791.

Os franceses se pronunciaram

O rei aceitou que os súditos expressassem seu descontentamento e solicitassem reformas através de cadernos de queixas.

À espera dos Estados-Gerais
Para tentar tirar o reino da crise em que estava envolvido, Luís XVI decidiu convocar os Estados-Gerais. Na primavera de 1789, os franceses que podiam votar elegeram seus representantes (chamados "deputados"). Todos os nobres e membros do clero podiam votar. No Terceiro Estado, eram considerados eleitores os homens com mais de 25 anos que pagassem impostos.

O que eram os Estados-Gerais?
Na Idade Média, os reis adquiriram o hábito de reunir sacerdotes, nobres e burgueses para consultá-los sobre as condições do país. Os Estados-Gerais foram convocados 28 vezes entre 1302 (por Filipe, o Belo) e 1614 (a última vez antes da Revolução Francesa).

Os cadernos de queixas

Ao mesmo tempo, os franceses podiam expor suas ideias, críticas, esperanças, temores e queixas por escrito nos chamados "cadernos de queixas". Como a grande maioria das pessoas não sabia escrever, eram os advogados e párocos que registravam suas queixas. Em Arras, por exemplo, um jovem advogado chamado Robespierre escreveu em nome da corporação de sapateiros. Mais de 50 mil cadernos foram preenchidos. O que diziam? Muitas coisas. Os nobres e os membros do alto clero se apegavam aos privilégios e expressavam o desejo de dividir o poder com o rei. Os artesãos e os camponeses pediam que os direitos feudais fossem abolidos e que os impostos fossem pagos por todos. Os conteúdos divergiam muito, dependendo da ordem, do ofício e da região dos interessados, refletindo a diversidade da França. Mas nenhum colocava a monarquia em questão. A pessoa do rei era sagrada. Também eram encontradas, aqui e ali, as ideias dos filósofos iluministas.

As ideias circulavam

Luís XVI pensou que, maravilhados com o fato de poderem expressar sua insatisfação, os súditos se contentariam com algumas pequenas reformas e se acalmariam. Mas a tensão se manteve em todas as regiões. Na primavera, houve revoltas contra o preço elevado da farinha.
À medida que a data da reunião dos Estados-Gerais se aproximava, o povo dançava, cantava, falava e, os que podiam, escreviam. Inúmeros folhetos foram editados. Um dos mais conhecidos foi redigido por um sacerdote, Emmanuel Joseph Sieyès, que o intitulou *O que é o Terceiro Estado?*. Esses textos eram lidos nos clubes, precursores dos atuais partidos políticos.

Barulho nos Estados-Gerais

Para sair da crise, Luís XVI convocou os Estados-Gerais. Ele nem desconfiava que isso levaria a uma revolução.

Primeira sessão
Quinta-feira, 4 de maio de 1789. Uma procissão, composta de representantes do povo, avançou lentamente pelas ruas de Versalhes: à frente, o clero e a nobreza, em trajes dourados, seguidos pelos membros do Terceiro Estado, vestidos de preto. No dia seguinte, todos foram levados à sala dos Menus-Plaisirs, não muito longe do castelo. Ao todo, 1154 homens: 285 nobres, 291 sacerdotes (206 párocos) e 578 representantes do Terceiro Estado. Foram necessárias quatro horas para todos serem instalados. Uma centena de pessoas se acomodou nas tribunas, decidida a não perder um suspiro dos debates.

Primeiras decepções
O discurso do rei, um chamado à razão com advertências contra todos os abusos, foi decepcionante... Depois dele, o ministro Necker tomou a palavra. Esperava-se muito dele, que no entanto não apresentou nenhuma proposta e acabou despertando a raiva dos deputados do Terceiro Estado, dos membros do baixo clero e de alguns nobres, como Mirabeau e La Fayette, que clamavam por reformas.

Nada progredia!

Os debates se arrastavam. Em 6 de junho, os representantes do Terceiro Estado, exasperados com os poucos avanços, pediram para ver o rei. O soberano, abatido pela morte recente do delfim, recusou-se a recebê-los. E com que direito o Terceiro Estado exigia que o voto por cabeça substituísse o voto por ordem? Até então, os votos aconteciam da seguinte maneira: um voto para o clero, um voto para a nobreza, um voto para o Terceiro Estado. Como o clero e a nobreza sempre votavam juntos, o povo nunca podia se fazer ouvir. Com um voto por representante, tudo mudaria, e o Terceiro Estado poderia obter a maioria. O rei não deu ouvidos ao pedido. O Terceiro Estado se irritou. No dia 17 de junho, seus deputados se declararam a "Assembleia Nacional".

Porta fechada

Para Luís XVI, foi a gota d'água. Nada acontecia conforme o previsto... Profundamente irritado, ele decidiu proibir os deputados rebeldes de entrar na sala dos Menus-Plaisirs. Eles não poderiam se reunir e, assim, se acalmariam! Na manhã do dia 20 de junho, os representantes do Terceiro Estado encontraram a porta fechada. Ficaram consternados e coléricos: pensaram que o rei queria dissolver os Estados-Gerais... Um deputado de Paris, o dr. Guillotin (sim, o que inventou a guilhotina!), sugeriu que passassem para a sala do Jeu de Paume, logo ao lado. Foi nela que o Terceiro Estado prestou um juramento que entrou para a História.

> **O que é o jeu de paume?**
> É um esporte que consiste em enviar uma bola com a palma (paume) da mão. É considerado um ancestral do tênis.

O juramento dos deputados

O juramento do Jeu de Paume prenunciou o desaparecimento da monarquia absolutista.

Demonstração de força
Terça-feira, 20 de junho de 1789. Os deputados do Terceiro Estado e os membros do clero que se uniram a eles foram ao grande salão do Jeu de Paume. O ambiente estava tenso. O que deveriam fazer? O deputado Mounier sugeriu que prestassem um juramento. Vários representantes começaram a rabiscar ideias, até que o astrônomo Jean-Sylvain Bailly, presidente da Assembleia, leu o texto final. Os representantes do Terceiro Estado prometeram "nunca nos separarmos, e nos reunirmos sempre que as circunstâncias o exigirem, até que a constituição do reino seja estabelecida". Uma verdadeira demonstração de força! O Terceiro Estado se atribuía o direito de escrever novas regras para o país.

A monarquia tremeu

Como era de costume, o rei não se preocupou. No dia 23 de junho, todos foram convocados para a sala dos Menus-Plaisirs para a sessão real. O mestre de cerimônias, o marquês de Dreux-Brézé, fez entrar os nobres, depois o clero. Os deputados do Terceiro Estado foram deixados na rua, sob chuva intensa. A porta finalmente se abriu e, molhados e humilhados, os eleitos do Terceiro Estado ouviram o rei dizer: "Ordeno-lhes, senhores, que se desmobilizem imediatamente e que amanhã pela manhã compareçam aos locais atribuídos a cada ordem!". A sessão foi suspensa, mas os eleitos do Terceiro Estado não se moveram. O marquês de Dreux-Brézé exigiu que saíssem do recinto. Bailly respondeu: "A nação em assembleia não recebe ordens". O conde de Mirabeau teria acrescentado: "Vá dizer a seu senhor que estamos aqui pela vontade do povo e que só sairemos pela força das baionetas". Dreux-Brézé se deixou intimidar. Depois de ouvi-lo, o rei teria dito: "Ora! Danem-se! Que fiquem!". Que linguajar…

A Assembleia Constituinte

Em 27 de junho, Luís XVI cedeu: ordenou à nobreza e ao clero que se unissem aos outros deputados. Os acontecimentos se aceleraram. Em 9 de julho, a assembleia de deputados se proclamou "Assembleia Nacional Constituinte" e logo começou a trabalhar na redação de uma Constituição que daria menos poder ao rei. No entanto, ainda não se falava em ruptura com a monarquia.

> **Quem foi Mirabeau?**
> Eleito pelo Terceiro Estado em Aix e em Marselha, o conde Mirabeau se impôs como o homem forte da Assembleia Constituinte. Ele queria instaurar uma monarquia parlamentar e se tornou conselheiro do rei, que pouco o ouvia. Doente e arruinado, morreu em 2 de abril de 1791.

A Bastilha caiu!

Acontecimento secundário da Revolução, a queda da Bastilha foi o símbolo da vitória do povo sobre a monarquia absolutista.

Paris em polvorosa

Naquele domingo, 12 de julho, o dia estava bonito. Muita gente passeava nos jardins do Palais Royal. Em cima de uma mesa, um jornalista chamado Camille Desmoulins discursava para a multidão. "Parisienses, a corte de Versalhes está preparando uma noite de São Bartolomeu para os patriotas! [...] Convoco-os, irmãos, à liberdade." O que estava acontecendo de fato? Na véspera, o rei havia demitido Necker, um ministro impopular. Mas isso não foi tudo. Preocupado com o curso dos acontecimentos, Luís XVI havia chamado regimentos suíços e alemães às portas de Paris. O povo tinha ficado furioso e começava a gritar: "Às armas!".

Para a Bastilha!

Os parisienses saíram do Palais Royal em busca de armamentos. Ao longo de todo aquele dia e do seguinte, depósitos de armas foram saqueados. Mas o butim foi pequeno. Na manhã do dia 14 de julho, os parisienses se dirigiram ao Palácio dos Inválidos, onde se apoderaram de vários canhões e fuzis. Alguém sugeriu: "Para a Bastilha! É lá que fica a pólvora!". Eram dez horas da manhã. Cerca de mil homens e mulheres, armados com fuzis, machados e foices, seguiram para a prisão. O diretor da Bastilha, De Launay, aceitou receber uma delegação. Três homens entraram. Launay jurou que não abriria fogo, a não ser que a multidão tentasse atravessar a ponte levadiça.

Pânico no campo

Motins no campo obrigaram os deputados a acelerar o curso da História.

O rei enfim reagiu
No dia seguinte à queda da Bastilha, Luís XVI finalmente acordou. Começou o dia nomeando o herói da independência americana, o popular La Fayette, para o posto de comandante-geral da Guarda Nacional. Retirou as tropas estrangeiras dos subúrbios e voltou a chamar Necker. Depois, decidiu receber Jean-Sylvain Bailly, o prefeito da novíssima Comuna de Paris. Este lhe disse que motins poderiam eclodir na capital, e que seria bom que Sua Majestade fosse falar com o povo.

O fim da Revolução?
Em 17 de julho, o rei foi recebido no Hôtel de Ville por uma multidão esfuziante. Luís XVI aceitou colocar no próprio chapéu a insígnia que os parisienses tinham adotado: um laço azul e vermelho, cores de Paris, ao qual foi acrescentado o branco, símbolo da monarquia. Ele balbuciou algumas palavras: "Meu povo sempre pode contar com meu amor". Naquele momento, os parisienses pensaram que a Revolução havia chegado ao fim e que o rei dali em diante agiria em prol da felicidade deles.

Pânico na corte!

Na corte, porém, o pânico imperava. Muitos nobres, dentre os quais os irmãos do rei, abandonavam Versalhes, tomando o cuidado de levar consigo joias e ouro. Foi o início da emigração: 130 mil pessoas fugiram da França durante a Revolução.

Violência nos campos

A situação não se estabilizou. No dia 20 de julho, rumores absurdos se espalhavam pelos campos. Dizia-se que soldados, pagos pelos nobres, massacravam mulheres e crianças e pilhavam as aldeias, que os nobres queriam se vingar e fazer o povo passar fome. Os camponeses, armados de foices e lanças, atacaram e queimaram castelos, abadias e monastérios. Esvaziaram celeiros cheios de grãos. Viveram o chamado Grande Medo, estranha reação de pânico que durou até o dia 6 de agosto. A violência daqueles atos preocupou os deputados reunidos em Versalhes. Eles se sentiram obrigados a acelerar o curso da História.

O que foi a Guarda Nacional?

Criada em 13 de julho de 1789, foi um exército de cidadãos encarregado de manter a ordem. Cada cidade tinha a sua guarnição.

A incrível noite de 4 de agosto

A Revolução entrou para a História com a abolição dos privilégios e com a Declaração dos Direitos do Homem.

A abolição dos privilégios

O Grande Medo assolava os campos. Em Versalhes, soava o alerta geral. Em 4 de agosto, às oito horas da noite, todos os deputados se reuniram. "Precisamos salvar o que pode ser salvo. Ficaremos aqui a noite toda se for preciso!", gritou um representante. O visconde de Noailles tomou a palavra: "Como voltar à tranquilidade? Acalmando o povo! Os nobres têm vantagens demais. Isso precisa acabar!". O duque d'Aiguillon, o homem mais rico do reino, acrescentou: "Que os privilégios sejam abolidos!". Os espectadores das tribunas aplaudiram com entusiasmo. Incitados por uma incrível onda de euforia, os nobres e os membros do clero tomaram a palavra, um a um, e aceitaram perder seus privilégios.

A sessão se estendeu até uma da manhã. Em poucas horas, o Antigo Regime veio abaixo. A Assembleia aboliu os direitos dos senhores sobre os súditos (os chamados direitos feudais), alguns impostos e os privilégios dos nobres e do clero. A igualdade tributária foi proclamada. Assim que receberam a notícia, os camponeses pararam de queimar os castelos e voltaram ao trabalho.

A Declaração dos Direitos do Homem

Os deputados não pararam por aí! No mesmo impulso, votaram, em 26 de agosto, um texto que ecoou no mundo inteiro e que ainda hoje é citado como exemplar: a Declaração dos Direitos do Homem e do Cidadão, inspirada na declaração de direitos americana, de 1776. O texto, que serviria de preâmbulo à futura Constituição, tinha dezessete artigos. O primeiro e mais famoso dizia: "Os homens nascem e vivem livres e iguais em direitos".

Luís opôs resistência

Em setembro, os deputados discutiram demoradamente os poderes do rei. No dia 11, após debates acalorados, concederam-lhe a possibilidade de não precisar assinar imediatamente as leis. Deram-lhe o direito de veto. Luís XVI utilizou-o na mesma hora para rejeitar a primeira versão da Declaração e os primeiros esboços da Constituição, que julgou abstratos demais. Irritados, vários deputados exigiram do rei um consentimento sem ressalvas. A situação ficou tensa...

Você sabia?
A Declaração dos Direitos do Homem de 1789 é bastante incompleta. Não menciona nem a abolição da escravidão, nem o sufrágio universal, nem o direito ao trabalho, nem a igualdade dos sexos!

Um padeiro em Paris

No dia 6 de outubro de 1789, a família real foi obrigada a sair de Versalhes e instalar-se em Paris.

Uma provocação
Outubro de 1789 foi um mês triste. O pão escasseava, e as filas de espera se tornavam cada vez mais longas em frente às padarias; os desempregados mendigavam nas ruas de Paris. O povo voltou a se desesperar. No dia 3, um boato se espalhou. Um nobre teria pisoteado a insígnia tricolor durante um banquete em Versalhes. Uma provocação! E mais: o rei teria enviado tropas aos arredores do castelo. O que estaria tramando?

Para Versalhes!
Nas primeiras horas do dia 5 de outubro, as mulheres foram para as ruas, gritando: "Para Versalhes! Eles têm estoques de farinha!". Cerca de 8 mil seguiram para lá, armadas de foices, porretes e vassouras, aos gritos de "Pão!". Alguns homens se juntaram a elas. À tarde, chegaram aos portões do castelo. Luís XVI recebeu uma delegação de cinco parisienses. Tranquilizou-os e prometeu mandar buscar trigo. A noite caiu e a multidão continuou instalada na frente dos portões. Cantava-se, bebia-se... Enquanto isso, o rei recebia alguns deputados e aceitava assinar os primeiros artigos da nova Constituição. O pior teria sido evitado? Não.

Para Paris!

Ao amanhecer, a multidão entrou no pátio do castelo. Os guardas foram mortos. Algumas mulheres conseguiram se infiltrar na antecâmara da rainha, que mal teve tempo de se refugiar nos aposentos do rei. Elas gritavam: "Morte à Austríaca!". Os guardas, no fim, conseguiram evacuar o castelo. Aconselhado por La Fayette, o rei aceitou aparecer no balcão e dirigir-se à multidão. "Meus amigos. Irei para Paris com minha esposa e filhos. Confio o que tenho de mais precioso ao amor de meus bons e fiéis súditos", discursou. Depois foi a vez de a rainha aparecer. A multidão se calou. À uma hora da tarde, rumou para Paris, com o rei e a família real.

"O padeiro, a padeira e o padeirinho", disse uma mulher. Por quê? Porque a rainha teria dito uma frase inadequada: "Se eles não têm pão, que comam brioches!".

Nova casa: as Tulherias

A família real se instalou no Palácio das Tulherias, em Paris, um prédio lúgubre e impossível de ser isolado. Nunca mais um rei da França voltou a Versalhes. A Assembleia também se mudou para Paris, para a sala do Manège, logo retomando os trabalhos. Luís XVI, que passou a ser chamado de "rei dos franceses", conseguiria aguentar uma temporada forçada em Paris e dividir o poder? Nada mais incerto que isso!

Como era o Palácio das Tulherias?

Localizado perto do Louvre, era um prédio comprido que havia sido iniciado em 1570, sob Catarina de Médicis, e concluído sob Luís XIV. Em 1789, estava abandonado havia um ano.

O divórcio da Revolução e da Igreja

Os membros do clero precisavam fazer um juramento à nação. O rei não gostou da ideia.

A Festa da Federação
Luís XVI parecia dizer sim a tudo. Em 14 de julho de 1790, um ano após a queda da Bastilha, chegou a jurar diante dos parisienses que respeitaria a futura Constituição e que seria fiel a ela. A multidão, enorme naquele dia, reunia-se na esplanada do Campo de Marte para aplaudir os 14 mil delegados da Guarda Nacional que vinham de todas as municipalidades da França. Todos cantavam e dançavam. La Fayette, mestre de cerimônias da Festa da Federação, foi ovacionado. Todos os franceses se sentiam cidadãos. E todos acreditavam que a Revolução e o rei se dariam bem.

Como eram os clubes e os jornais?
Os deputados costumavam se reunir em clubes (precursores dos nossos partidos políticos) para conversar. A Sociedade dos Amigos da Constituição instalou-se num antigo convento. Era chamada de Clube dos Jacobinos. Outro célebre clube foi o Clube dos Cordeliers. Também se liam muitos jornais, vendidos nas ruas pelos "anunciadores". Alguns jornalistas (Marat, Hébert...) escreviam textos carregados de ódio.

Um novo clero

O rei, na verdade, não estava nem um pouco satisfeito. Dois dias antes da festa, os deputados votaram uma lei que o tirou do sério. Decidiu-se reorganizar a Igreja francesa estabelecendo uma "constituição civil do clero". Isso significava que os bispos e padres passariam a ser eleitos pelos cidadãos e pagos pelo Estado.

A Igreja se dividiu

A nova organização modificou a tradição e criou uma Igreja nacional, independente do rei. Resultado: a Igreja da França se dividiu em duas. Metade do baixo clero e um punhado de bispos aceitaram as novas regras e prestaram juramento à nação. Foram chamados de "juramentados". Os outros, que se recusaram a jurar, foram chamados de "refratários". Estes últimos receberam o apoio do rei, católico praticante, e de uma parte dos franceses, contrária à Revolução. A constituição civil do clero, aprovada depois do confisco dos bens da Igreja, cindiu a sociedade francesa.

O rei fugiu!

Luís XVI queria recuperar a liberdade e o poder. Então, decidiu fugir.

A vontade de partir

Luís XVI fazia um jogo duplo. Fingia aceitar as novas regras impostas pelos deputados e, ao mesmo tempo, preparava sua fuga. Durante o outono de 1790, Maria Antonieta entregou-lhe um plano arquitetado pelo amigo Axel de Fersen: fugir, ir ao encontro de tropas fiéis em Montmédy, na fronteira belga, depois marchar sobre Paris com o auxílio dos austríacos e retomar o poder. Como sempre, o rei hesitou e adiou várias vezes a data da partida.

A fuga

Em 18 de abril de 1791, Luís quis ir a Saint-Cloud para passar a primavera. Os membros do Clube dos Cordeliers desconfiaram de uma fuga e reuniram uma multidão para bloquear a carruagem real. Ultrajado, o soberano precisou dar meia-volta. Sentindo que não tinha mais controle sobre os acontecimentos, decidiu partir. Na quarta-feira, 20 de junho, por volta da meia-noite, a família real deixou secretamente as Tulherias para ir ao encontro de uma grande berlinda que a esperava na porta Saint-Martin. Novas identidades e roupas foram utilizadas. O rei tornou-se o sr. Durand, um intendente. Eram duas horas da manhã, e eles estavam atrasados em relação ao horário previsto. A berlinda, pesada demais, avançava lentamente. Eram quatro horas da tarde quando passaram por Châlons. Luís não estava preocupado, sabia que logo adiante os cavaleiros do marquês de Bouillé estariam à sua espera. Em Somme-Vesle, porém, não havia ninguém. Os soldados tinham ido embora, pois ninguém havia aparecido... Em Paris, um criado constatou a ausência da família real. Rapidamente, La Fayette enviou mensageiros para todo o país, ordenando a prisão dos fugitivos.

Reconhecido em Varennes

Às oito horas da noite, a berlinda parou em Sainte-Menehould para trocar os cavalos. Na hora de pagar, o rei entregou uma nota ao diretor do posto, Drouet. Nela, havia o seu retrato. Drouet o reconheceu: era Luís XVI! Saltou num cavalo, galopou até Varennes, aldeia vizinha, e deu o alerta. Os homens da Guarda Nacional bloquearam o acesso à aldeia. Os fugitivos foram presos. A viagem chegou ao fim... O rei e a família real foram escoltados pelos guardas até Paris, aonde chegaram no dia 25 de junho. Luís XVI foi acolhido por um silêncio pesado. Tinha perdido a confiança do povo.

Quem foi Jean-Baptiste Drouet?

O diretor do posto ficou famoso por ter reconhecido Luís XVI em Sainte-Menehould. Mais tarde, foi eleito para a Convenção (ver p. 46), onde se tornou um dos Montanheses mais exaltados. Morreu em 1824.

O que fazer com o rei?

Em setembro de 1791, a nova Constituição foi votada. O poder do rei tornou-se quase inexistente.

Luís XVI salvou o trono

A tentativa de fuga do rei não foi bem-vista pelos deputados. Em 25 de junho de 1791, eles o suspenderam de suas funções e o colocaram sob vigilância. Mas nem todos concordavam com a Assembleia. Alguns representantes, mais moderados, queriam manter o rei para salvar a monarquia parlamentar (ver p. 7). Os mais radicais exigiam a supressão da monarquia e evocavam, pela primeira vez, a ideia de república. Em 15 de julho, ficou decidido que o rei seria restabelecido em suas funções, desde que aceitasse de fato a nova Constituição.

Massacre no Campo de Marte

Os membros do Clube dos Cordeliers e alguns Jacobinos não concordaram. Nada de perdoar o traidor! Eles lançaram uma petição exigindo a destituição do rei e chamaram o povo de Paris ao Campo de Marte para assiná-la. Em 17 de julho, a multidão compareceu em grande número. A Guarda Nacional, conduzida por La Fayette, se fez presente para evitar excessos, mas foi alvo de pedradas. Uma arma chegou a ser apontada para o herói da América. A guarda abriu fogo contra o povo, fazendo cerca de cinquenta vítimas. No dia seguinte, Marat e Danton (ver. p. 55 e p. 60), acusados de desejar tomar o poder à força, se viram obrigados a fugir e se esconder.

Uma nova Constituição

No dia 3 de setembro de 1791, a Constituição, enfim pronta, foi votada. Ela dividiu o território nacional em departamentos, aboliu os privilégios feudais, decretou a igualdade perante os impostos, a liberdade de imprensa, concedeu aos judeus e protestantes a condição de cidadãos, aboliu a tortura etc.

O Legislativo

A Assembleia Constituinte cumpriu seu trabalho. Em 1º de outubro, deu lugar à Assembleia Legislativa, encarregada de votar as leis que colocariam a Constituição em prática. Os novos deputados tinham trabalho pela frente. A situação do reino era catastrófica. Os preços subiam, as padarias eram saqueadas. Tropas austríacas e prussianas ameaçavam as fronteiras. E ainda havia Luís XVI. Em 14 de setembro, ele havia declarado aceitar a Constituição, mas acabou tomando decisões que deixaram os ânimos inflamados...

Você sabia?

Desde 1697, a França detinha a posse da parte ocidental da ilha Hispaniola (Haiti). Em 22 de agosto de 1791, os escravos negros que ali cultivavam cana-de-açúcar se revoltaram. Foram comandados por Toussaint Louverture. A escravidão foi abolida apenas em 1794, mas Napoleão a restabeleceu. Seria definitivamente suprimida em 1848.

Adeus, monarquia!

As tropas estrangeiras ameaçavam a pátria. O poder emanava das ruas. E a monarquia exalava seu último suspiro.

A guerra foi votada
Luís XVI não era bobo. Viu que seria difícil retomar o poder, então teve uma ideia: sugeriu aos deputados que entrassem em guerra contra os soberanos europeus. Ele sabia que o Exército revolucionário era fraco. Seria logo aniquilado e, assim, ele poderia voltar ao poder. Os deputados caíram na armadilha, e alguns se dispuseram a entrar num conflito para exportar a Revolução ao resto da Europa. Em 20 de abril de 1792, a guerra contra a Áustria foi aprovada por imensa maioria.

Sr. Veto
Como previsto, o Exército francês colecionou derrotas. O rei e a rainha foram suspeitos de armar um complô contra a Revolução e preparar a vitória do inimigo. Quando Luís XVI se recusou a assinar leis votadas pela Assembleia, os *sans-culottes* explodiram em ódio. Em 20 de junho, invadiram as Tulherias aos gritos de "Abaixo o sr. Veto!". O rei foi ao encontro da multidão, que o obrigou a usar um boné vermelho e beber à saúde da nação. Luís XVI foi humilhado, mas não cedeu.

A pátria em perigo

Poucos dias depois, a Prússia entrou na guerra ao lado da Áustria. Em 11 de julho de 1792, a Assembleia declarou a pátria em perigo. Um exército de voluntários foi recrutado. Em 28 de julho, o duque de Brunswick mandou avisar que destruiria Paris se Luís XVI fosse ultrajado o mínimo que fosse. A ameaça fez o rei ser visto como inimigo da nação.

A insurreição de 10 de agosto

A resposta dos *sans-culottes* parisienses não se fez esperar: exigiram a destituição do rei. No dia 9 de agosto, derrubaram a Comuna de Paris (o governo revolucionário) e, na manhã do dia 10, lançaram-se ao assalto das Tulherias. Os deputados fizeram o rei se refugiar na Assembleia. Gesto providencial, pois os revoltosos massacravam os guardas. O poder emanava das ruas, e os *sans-culottes* iriam ditar suas leis aos deputados.

O rei prisioneiro

Os poucos deputados presentes na Assembleia decidiram que o rei deveria ser definitivamente suspenso de suas funções. Em 13 de agosto, entregaram à nova Comuna a família real, que foi encerrada na prisão do Templo. A monarquia chegava ao fim.

Quem eram os *sans-culottes*?
A partir de 1789, os artesãos e operários parisienses começaram a participar ativamente dos acontecimentos. Foram apelidados de *sans-culottes*. Ao contrário dos nobres, que usavam calções justos de seda que iam até os joelhos, os *sans--culottes* usavam calças compridas.

Valmy: até que enfim uma boa notícia!

Os soldados da Revolução conseguiram uma vitória que reergueu o moral dos franceses.

Os massacres de setembro
Enquanto o rei era trancafiado na prisão do Templo, os prussianos tomavam Verdun e avançavam na direção de Paris. Um vento de pânico soprava sobre a capital. Marat espalhou o rumor de que os apoiadores do rei estavam prestes a libertar os nobres e sacerdotes refratários presos. Em 2 de setembro de 1792, encorajados por Danton, os *sans--culottes* invadiram as prisões e, ao longo de cinco dias, massacraram 1500 suspeitos de traição e espionagem. Foram os "massacres de setembro". A atmosfera era pesada. A Revolução precisava de uma vitória para recuperar a serenidade.

Era preciso salvar a pátria!
No dia 2 de setembro, Danton falou aos deputados: "A Assembleia deve se mostrar digna da nação [...] Para vencer, senhores, precisamos de audácia, mais audácia, assim a França será salva! É chegada a hora de dizer ao povo que ele deve se precipitar em massa sobre os inimigos". No dia seguinte, em todo o país, as pessoas se alistaram para salvar a pátria.

O que é "A marselhesa"?

Em 10 de agosto de 1792, em Paris, soldados vindos de Marselha participaram da insurreição nas Tulherias. Eles cantavam uma canção para o Exército do Reno escrita em abril por um poeta e violinista amador, capitão de um batalhão com base em Estrasburgo, Claude-Joseph Rouget de Lisle. A canção se tornou hino nacional em 14 de julho de 1795, sob o nome de "A marselhesa". Outras canções revolucionárias célebres: "Ça ira, ça ira", "La Carmagnole", "Le Chant du départ"...

Uma grande vitória

No dia 20 de setembro, em Valmy, perto de Sainte-Menehould, tiros de canhão romperam o silêncio da aurora. Os prussianos avançaram para a colina onde os franceses se posicionavam. Os soldados da Revolução caíram aos primeiros tiros. O que os 47 mil homens comandados por Dumouriez podiam fazer para resistir ao poderoso Exército de Brunswick? O general Kellermann montou no cavalo e ergueu o chapéu azul, branco e vermelho na ponta do sabre. Avançou aos berros de "Viva a nação!". Os entusiastas o seguiram cantando "A marselhesa". Intimidados, mas também sofrendo de disenteria, os prussianos se detiveram e, em seguida, fugiram. O Exército revolucionário obteve sua primeira vitória. Um feito histórico! Os franceses tinham provado que as tropas revolucionárias podiam vencer um exército europeu.

Viva a República!

Depois da vitória de Valmy, a novíssima Convenção aboliu a monarquia e proclamou a República.

A Convenção

Na noite de 10 de agosto de 1792, depois da suspensão do rei, a Assembleia Legislativa julgou necessário convocar uma nova assembleia para enfrentar a situação. Foi chamada de Convenção Nacional. Pela primeira vez na história da França, todos os cidadãos do sexo masculino (as mulheres não tinham direito ao voto) foram chamados a votar. Mesmo assim, 80% dos eleitores não se apresentaram.

Girondinos e Montanheses

Composta de 749 deputados, quase todos vindos da burguesia e das profissões liberais, a Convenção foi dominada, num primeiro momento, pelos Girondinos. Eleitos pelas províncias, moderados, eles não queriam que tudo fosse decidido em Paris. Os grandes oradores vinham do departamento da Gironda, por isso o apelido. À esquerda, ficavam os Montanheses, assim chamados porque ocupavam os bancos mais altos do anfiteatro. Eleitos, em sua maioria, por Paris, que queriam transformar em centro do poder, achavam que a Revolução precisava ir mais longe. Seus líderes eram Robespierre, Saint-Just, Danton... Entre os dois grupos, havia os deputados moderados, que eram chamados com desprezo de "o Pântano" ou "a Planície".

A Primeira República

A Convenção se reuniu pela primeira vez em 21 de setembro de 1792, no dia seguinte à vitória de Valmy. Sem demora, os deputados decretaram que "a realeza está abolida na França". E proclamaram a Primeira República. Luís XVI, portanto, não era mais rei... Um dia depois, por proposta do deputado Billaud-Varenne, a Convenção decidiu que 21 de setembro seria o primeiro dia do ano, e que 1792 seria o Ano I da República. Instauraram, assim, o calendário republicano.

Como era o calendário republicano?

O poeta Fabre d'Églantine (autor da canção "Il pleut, il pleut bergère") inventou nomes para os novos meses, que evocavam as estações:

vindemiário (vindimas): setembro-outubro
brumário (brumas): outubro-novembro
frimário (frio): novembro-dezembro
nivoso (neve): dezembro-janeiro
pluvioso (chuvas): janeiro-fevereiro
ventoso (ventos): fevereiro-março

germinal (germinação): março-abril
floreal (flores): abril-maio
prairial (fecundidade das pradarias): maio-junho
messidor (colheitas): junho-julho
termidor (calor): julho-agosto
frutidor (frutos): agosto-setembro

O processo de Luís XVI

Um dos primeiros atos da nova República foi julgar o ex-monarca.

Seria preciso julgar o rei?
Luís XVI estava preso; deveria ser julgado? E por quem? Em novembro de 1792, os debates exaltaram os deputados. Os mais moderados consideravam que a destituição era suficiente como punição. Os mais radicais exigiam que o rei comparecesse diante dos representantes do povo. Um deles, o jovem Saint-Just, achava inclusive que o rei nem deveria ser julgado. "Pelo simples fato de ter reinado, Luís XVI é culpado. Não se reina inocentemente!", dizia. Por fim, a assembleia decretou que o ex-rei seria ouvido por ela.

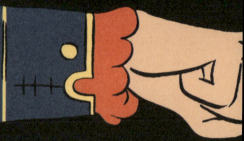

Luís diante dos deputados
Em 11 de dezembro, nenhum dos membros da Convenção faltou à convocação: 749 homens para julgar o cidadão Capeto, tirado da prisão do Templo. Barère, presidente da sessão, tomou a palavra: "Luís, o povo francês o acusa de ter cometido uma infinidade de crimes para estabelecer a tirania, destruindo a liberdade". Criticou-o por hesitar demais em reconhecer a Declaração dos Direitos do Homem, de tentar fugir... O que mais comprometeu, porém, foram as cartas encontradas dentro de um armário de ferro nas Tulherias, que o ex-rei teria recebido do imperador da Áustria. Elas seriam a prova de que ele tentava se coadunar com os soberanos estrangeiros para voltar ao trono por meio da força. Luís negou tudo, mas não se deixou iludir: sabia-se culpado de antemão.

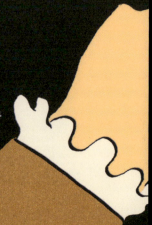

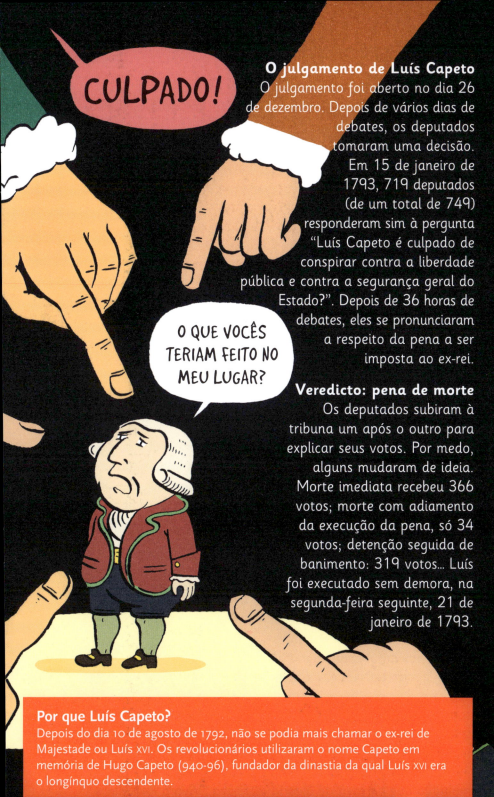

O julgamento de Luís Capeto
O julgamento foi aberto no dia 26 de dezembro. Depois de vários dias de debates, os deputados tomaram uma decisão. Em 15 de janeiro de 1793, 719 deputados (de um total de 749) responderam sim à pergunta "Luís Capeto é culpado de conspirar contra a liberdade pública e contra a segurança geral do Estado?". Depois de 36 horas de debates, eles se pronunciaram a respeito da pena a ser imposta ao ex-rei.

Veredicto: pena de morte
Os deputados subiram à tribuna um após o outro para explicar seus votos. Por medo, alguns mudaram de ideia. Morte imediata recebeu 366 votos; morte com adiamento da execução da pena, só 34 votos; detenção seguida de banimento: 319 votos... Luís foi executado sem demora, na segunda-feira seguinte, 21 de janeiro de 1793.

Por que Luís Capeto?
Depois do dia 10 de agosto de 1792, não se podia mais chamar o ex-rei de Majestade ou Luís XVI. Os revolucionários utilizaram o nome Capeto em memória de Hugo Capeto (940-96), fundador da dinastia da qual Luís XVI era o longínquo descendente.

A morte de um rei

Luís XVI foi o único rei da França a ser executado. Sua morte, em 21 de janeiro de 1793, teve múltiplas consequências.

Saída do Templo
Depois de passar o fim da tarde com um padre e de escrever seu testamento, Luís dormiu tranquilamente. Quando acordou, rezou e se preparou. Foi conduzido a um veículo que o esperava na Rue du Temple. Fazia frio naquela segunda-feira, 21 de janeiro de 1793, e um nevoeiro espesso escurecia as ruas de Paris. Havia muita gente na Praça Luís XV, que tinha se tornado Praça da Revolução (hoje Praça da Concórdia), onde a guilhotina havia sido montada. Muitos "espectadores" chegaram à uma hora da manhã para conseguir os melhores lugares... Oitenta mil guardas nacionais haviam sido mobilizados, pois temia-se um resgate. Ao longo de todo o percurso, Luís ouviu gritos hostis e insultos.
O cortejo levou uma hora e meia para chegar à Praça da Revolução.

Últimas palavras
O veículo avançou até o cadafalso. Os carrascos, Sanson e seus irmãos, já estavam lá. Eles tentaram tirar o casaco de Luís, que recusou e tirou-o sozinho. Deixou que lhe cortassem os cabelos da nuca. O ex-rei manteve-se sereno, digno e calmo. Pediu que os tambores parassem e disse, numa voz apenas audível: "Morro inocente de todos os crimes que me foram imputados. Perdoo aos autores de minha morte e rogo a Deus que o sangue que será derramado nunca recaia sobre a França...". Gritos sufocaram suas últimas palavras. Sanson  mandou que se deitasse. Com um ruído seco, o cutelo caiu. Eram 10h22. Um dos carrascos brandiu a cabeça ensanguentada para a multidão que berrava de alegria e gritava "Viva a República!".

Numa vala comum
Alguns subiram ao cadafalso para molhar seus lenços no sangue real. Compraram mechas de seu cabelo, seu chapéu, pedaços de roupa... O corpo do ex-rei foi levado ao cemitério de la Madeleine, onde seu caixão foi atirado numa vala comum. No estrangeiro, a notícia provocou um choque enorme. A Inglaterra, a Áustria e a Rússia decretaram luto. O rei da Espanha declarou guerra à França. Nas semanas que se seguiram, os revolucionários levaram ainda mais longe a vontade de acabar com a monarquia, destruindo os túmulos dos reis da França na basílica de Saint-Denis.

O que é a guilhotina?
Sob o Antigo Regime, os condenados à morte recebiam penas que variavam de acordo com o crime e com sua condição (forca, degola, fogueira...). O deputado Joseph Guillotin fez com que fosse adotado, em 10 de outubro de 1789, um princípio de execução igualitária e menos cruel. Em 5 de junho de 1791, foi decretado que "todo condenado à morte terá a cabeça cortada". Pediu-se ao cirurgião Antoine Louis que aperfeiçoasse uma máquina, que foi chamada de guilhotina. Ela foi utilizada pela primeira vez em 25 de abril de 1792. E pela última vez em... 1977.

O levante da Vendeia

Os camponeses da Vendeia, apoiados pelos nobres, se sublevaram contra a Convenção.

A República em perigo
A execução de Luís XVI deixou em estado de choque os soberanos estrangeiros, que, em represália, constituíram uma ampla coalizão formada por quase todo o resto da Europa. Apesar de uma vitória em Jemmapes (na Bélgica), as tropas francesas não conseguiam se impor. Para enfrentar a ameaça, a Convenção decidiu, em 24 de fevereiro de 1793, um alistamento em massa de 300 mil "voluntários" por todo o país. Foram chamados os homens entre dezoito e quarenta anos. Era o início do serviço militar obrigatório.

Resistência na Vendeia
Mas nem tudo aconteceu conforme o previsto, sobretudo na Vendeia, no oeste do país. Seus habitantes não quiseram lutar por um regime que não aprovavam. Extremamente católicos, não tinham digerido a obrigação dos padres de prestar juramento à nação. Além disso, ficaram chocados com a execução de Luís XVI. Então se rebelaram.

Em março, motins eclodiram em Cholet, Challans e Machecoul... A República enviou soldados para contê-los, mas eles precisaram enfrentar uma verdadeira guerrilha. Os camponeses formavam um exército dirigido por nobres saudosos do Antigo Regime (Charette, La Rochejaquelein). A insurreição transformou-se em guerra.

Represálias sangrentas

Em 1º de agosto, a Convenção declarou estado de guerra total. Falou-se em "plano de destruição". Em setembro, os brancos (monarquistas) foram postos em debandada pelos republicanos dos generais Kléber e Marceau. Em 17 de outubro de 1793, eles foram vencidos em Cholet. Queriam cruzar o Loire. Oitenta mil homens, mulheres e crianças marchavam rumo a Granville, na Normandia, onde esperavam se unir aos imigrantes e aos ingleses. Mas acabaram empurrados para Le Mans e para Savenay, onde foram massacrados pelas tropas republicanas.

Últimas resistências

Em janeiro de 1794, nos pântanos bretões, Charette ainda resistia. A Convenção enviou Carrier e Turreau, que com suas "colunas infernais" arrasaram a região. Em fevereiro de 1795, a paz foi assinada em Charette. Em junho, imigrantes desembarcaram em Quiberon. Eles se uniram aos *chouans*, mas foram derrotados. As guerras da Vendeia fizeram entre 150 mil e 300 mil vítimas.

Quem eram os vendeianos e os *chouans*?

Os vendeianos eram revoltosos das regiões ao sul do rio Loire: Vendeia, Maine-et-Loire, Loire-Inférieur, Deux-Sèvres. Os *chouans* viviam mais ao norte. Sua insurreição teve início em 1791 e se espalhou por Anjou, Bretanha, Baixa Normandia e uma parte da Touraine. Para anunciar a chegada dos soldados republicanos, eles imitavam o grito da coruja (*chouette* ou *chat-huant*). Por isso seu nome, que também deriva do nome de um de seus chefes, Jean Chouan.

Que Terror!

No combate que opunha Girondinos e Montanheses (ver p. 46), os últimos saíram vitoriosos. Eles instauraram um regime em que todo mundo desconfiava de todo mundo.

Rivalidades na Convenção
A partir de 21 de setembro de 1792, a Convenção foi dominada pelos deputados moderados: os Girondinos. A rivalidade com os deputados mais duros (os Montanheses) veio à tona durante o processo de Luís XVI. Os Girondinos não conseguiram impedir a formação do Tribunal Revolucionário, encarregado de julgar os atos contrarrevolucionários, em 28 de março de 1793, nem a criação do Comitê de Salvação Pública, em 6 de abril, que exerceria o poder.

A pressão montanhesa
No início de abril de 1793, Marat e Robespierre acusaram os Girondinos de quererem acabar com a Revolução aliando-se aos monarquistas, e chegaram a pedir que fossem presos. Os Girondinos responderam prendendo Marat por seus artigos injuriosos. O jornalista foi libertado. Após novos incidentes, os *sans-culottes* cercaram a Convenção. Alguns Girondinos foram presos, outros fugiram para as províncias. Os Montanheses ficaram livres para agir.

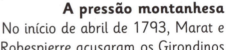

A Constituição do Ano I

Uma nova Constituição foi adotada em 24 de junho de 1793. Ela previa inúmeros direitos: direito ao trabalho, à educação, auxílio aos pobres... Mas os deputados a julgaram impraticável, em virtude dos perigos que a República corria, e a deixaram de lado.

O Terror na ordem do dia

Os Girondinos sublevavam Bordeaux, Marselha, Toulon... Os vendeianos se rebelavam. Os exércitos estrangeiros chegavam às fronteiras. A República era ameaçada por todos os lados. Robespierre, líder do Comitê de Salvação Pública desde julho, decidiu "salvá-la". Em 5 de setembro, colocou o Terror na ordem do dia: era preciso perseguir todos os que se unissem aos inimigos da República.

A lei dos suspeitos

Em 17 de setembro, a Convenção deu um passo a mais ao votar a lei dos suspeitos, que ordenava a prisão de todos os inimigos, confessos ou presumidos, da Revolução. A execução dessa lei foi confiada a comitês de vigilância encarregados de estabelecer listas de suspeitos.

Você sabia?
Em 13 de julho, o jornalista Jean-Paul Marat, um dos Montanheses mais radicais, foi assassinado com uma facada por Charlotte Corday, próxima dos Girondinos. Condenada à morte, ela foi executada em 17 de julho. Marat tornou-se um herói.

As cabeças começaram a rolar

Durante os meses do Terror, as prisões estiveram sempre cheias. Guilhotinas foram montadas em todas as cidades. As execuções eram ininterruptas.

Processos espetaculares
Todo mundo desconfiava de todo mundo, e era possível ser julgado pelo Tribunal Revolucionário por qualquer pretexto. Em Paris, arremedos de processos ocorriam no Palácio da Justiça. O presidente lia o auto de acusação. Algumas testemunhas, sempre da acusação, eram ouvidas. Depois, o promotor público, o temível Fouquier-Tinville, exigia a pena de morte. Algumas mulheres passavam o dia no tribunal, empurrando-se para sentar no melhor lugar. Essas "tricoteiras" (pois levavam seus trabalhos manuais para o tribunal) interpelavam o juiz, o júri, insultavam o acusado e aplaudiam o acusador.

A morte de Maria Antonieta
Foi nesse contexto que Maria Antonieta foi julgada, nos dias 14 e 15 de outubro de 1793. Fouquier-Tinville leu o auto de acusação (relações com o inimigo e dilapidação do dinheiro público), ao qual acrescentou calúnias ignóbeis. Os advogados da ex-soberana, considerados indulgentes demais, foram presos. Condenada à morte, ela foi executada no dia 16 de outubro.

Mais de 35 mil execuções

Em 31 de outubro, 21 ex-deputados girondinos subiram ao cadafalso. Em 6 de novembro, foi a vez de guihotinar Filipe de Orléans, primo de Luís XVI que havia passado para o lado da Revolução com o nome de Filipe Igualdade. O Tribunal Revolucionário condenou à morte mais de 2600 pessoas em Paris. O Terror também se estendeu às províncias: fuzilamentos em Lyon, afogamentos em Nantes. No total, foram entre 35 mil e 40 mil vítimas.

Danton disse basta!

Enquanto isso, os exércitos revolucionários obtinham vitórias contra os ingleses e os austríacos. Como a República não estava mais em perigo, o Terror já não tinha razão de ser, pensava Danton (ver p. 61). Robespierre, no entanto, queria manter sua política. Danton e Camille Desmoulins, chamados de "indulgentes", foram presos e guilhotinados no dia 5 de abril. Todo o poder foi para as mãos de Robespierre.

O PODER O CEGOU, ROBESPIERRE!

Quem foi Luís XVII?

Com a morte de Luís XVI, o novo rei seria seu filho Luís Carlos, com o nome de Luís XVII. Ele vivia na prisão do Templo desde os sete anos, vigiado por carcereiros. Gravemente doente, definhou até morrer, em 8 de junho de 1795, aos dez anos de idade.

A queda do Incorruptível

Robespierre (ver p. 62) não quis acabar com o Terror. Isso lhe custou a vida.

O Grande Terror
Depois de enviar os adversários ao cadafalso, Robespierre conseguiu a votação, em 10 de junho de 1794, de um texto que autorizava o julgamento de qualquer suspeito pelo Tribunal Revolucionário sem necessidade de processo. Teve início o reino das denúncias, das vinganças... Em um mês, 2 mil pessoas foram executadas em Paris, entre elas o poeta André Chénier e o químico Lavoisier. A guilhotina funcionava seis horas por dia!

Robespierre, o tirano
Enquanto isso, as tropas francesas continuavam obtendo vitórias. Em 26 de junho, os soldados de Jourdain derrotaram o Exército austríaco numa aldeia da Bélgica, Fleurus. O perigo externo se dissipou. O Terror não tinha mais necessidade de ser. Mas não era o que Robespierre e seus amigos pensavam. O Incorruptível começou a ser visto como um tirano.

O golpe de Estado de 9 termidor

Em 27 de julho de 1794, Robespierre foi à Convenção e interpelou os deputados. Disse que o Comitê de Salvação Pública se preparava para lançar uma nova caça aos "traidores". Robespierre insinuou, mas não revelou nomes. Os deputados ficaram aterrorizados, mas alguém ousou dizer: "Quem se vangloria de ter a coragem da virtude precisa ter a da verdade. Nomeie os que está acusando!". "Nomeie-os!", repetiram vários outros. Robespierre se manteve impassível. No dia seguinte (9 termidor do Ano II), Saint-Just tentou defender a política do Comitê de Salvação Pública e teve a voz abafada pelos gritos dos deputados. Robespierre pediu a palavra, mas os gritos continuaram: "Morte ao tirano!". Alguém gritou: "Prendam-no!". E os Montanheses votaram pela prisão de Robespierre e de Saint-Just.

A morte do tirano

A notícia se espalhou por Paris. Os *sans-culottes*, reunidos nos arredores das Tulherias, conseguiram libertar os acusados, que se refugiaram no Hôtel de Ville. Mas na manhã de 27 de julho os guardas nacionais interferiram. Alguns tiros foram trocados. Robespierre saiu ferido. No dia seguinte, o Incorruptível subiu ao cadafalso, com a mandíbula quebrada. Foi guilhotinado. Saint-Just e seus amigos também. Era o fim do Terror. O fim de uma certa ideia de revolução também.

Você sabia?
A Convenção foi responsável por várias realizações: aboliu a escravidão nas colônias, autorizou o casamento civil e o divórcio, instaurou a educação pública (escolas primárias), criou grandes escolas, aboliu os direitos feudais...

Danton, o gigante

Ele contribuiu para instaurar o Terror, mas acabou denunciando seus abusos. Perdeu a cabeça por isso...

Mostre bem minha cabeça!
Quando subiu ao cadafalso, dirigiu-se ao carrasco: "Mostre bem minha cabeça ao povo. Ela vale a pena!". Talvez os parisienses presentes à execução de Danton tenham de fato ouvido isso, naquele 5 de abril de 1794. O homem que seria guilhotinado foi um dos personagens mais importantes e mais controversos da Revolução.

Orador temível
Georges Jacques Danton nasceu em Arcis-sur-Aube, na Champagne, em 26 de outubro de 1759. Advogado, deputado do Terceiro Estado em 1789, tornou-se um dos membros mais importantes do Clube dos Cordeliers, onde sua estatura elevada e o timbre imponente de sua voz se destacavam. Principal artífice da insurreição de 10 de agosto de 1792, tornou-se ministro da Justiça. Deixou que ocorressem massacres nas prisões, no início de setembro, chegando a dizer: "As execuções foram necessárias para acalmar o povo de Paris"! De dezembro de 1792 a fevereiro de 1793, Danton foi à Bélgica levar a palavra revolucionária. Torrou todo o dinheiro que lhe foi confiado para a missão, manchando sua reputação.

O Tribunal Revolucionário era ele!

Eleito pela Convenção, Danton uniu-se aos Montanheses, de quem não compartilhava todas as ideias extremistas. Mesmo assim, esteve na origem do sinistro Tribunal Revolucionário, e foi um dos que clamaram pela instauração do Terror. Também esteve à frente do Comitê de Salvação Pública antes de ser afastado pelo rival Robespierre.

Condenado por Robespierre

Em 1794, Danton exigiu o fim do Terror. Acusado por Robespierre de conspirar contra a República, foi preso em 20 de março, junto com Camille Desmoulins. Depois de um simulacro de julgamento, do qual foi retirado para que não pudesse se defender, Danton foi conduzido ao cadafalso. Em 5 de abril de 1794, quando passou na frente da casa de Robespierre, gritou: "Você se esconde, mas será o próximo!". Ele não se enganou.

Quem eram os "indulgentes"?
Em janeiro de 1794, Robespierre denunciou aqueles que desejavam pôr um fim ao Terror, os chamados "indulgentes": Danton, Desmoulins... Foram todos executados.

Robespierre, o Incorruptível

Advogado idealista, tornou-se o personagem mais importante da Convenção, em 1793. E o símbolo do Terror.

Eleito por Arras

Entre os representantes do Terceiro Estado reunidos em Versalhes para os Estados-Gerais, em maio de 1789, havia um jovem de ar severo, não muito alto, magro, olhos azul-esverdeados, cabelo louro escuro e empoado. Tinha sido eleito em Arras. Esse jovem se chamava Maximilien de Robespierre e se tornaria um dos principais personagens da Revolução. Um personagem estranho e temido.

Um aluno brilhante

Nascido em 6 de maio de 1758, Maximilien de Robespierre era filho de um advogado de Arras. Órfão aos cinco anos, foi criado pelo avô. Obteve uma bolsa de estudos para estudar no colégio Louis-le-Grand, em Paris, onde conheceu Camille Desmoulins. Lá, descobriu Rousseau, que se tornou seu grande modelo. Excelente aluno, foi escolhido para recitar um texto de boas-vindas durante uma visita do rei ao colégio. Em 1781, Robespierre voltou à cidade natal para exercer o ofício de advogado. Alguns processos o opuseram aos privilégios da nobreza.

Rumo ao Terro

Nos primeiros anos da Assembleia Constituinte, Robespierre destacou-se por reivindicar o sufrágio universal e a educação gratuita. Dizia-se inclusive partidário da abolição da pena de morte! Orador severo, de fala lenta e frases intermináveis, mesmo assim despertava o entusiasmo de todos ao ler seus discursos escritos minuciosamente ao longo de noites inteiras. Foi eleito deputado por Paris na Convenção, e logo se impôs como um dos chefes dos Montanheses. Depois de conseguir a queda dos Girondinos e clamar pela instauração do Terror, entrou para o Comitê de Salvação Pública, do qual virou líder depois de afastar o rival Danton. Tornou-se cada vez mais intransigente, e foi apelidado de "o Incorruptível". Por um ano, exerceu uma verdadeira ditadura à frente do governo revolucionário.

Declínio e morte

Como não quis acabar com o Terror, Robespierre foi preso em 27 de julho de 1794 e guilhotinado ao lado dos amigos Couthon e Saint-Just no dia 28. Depois de sua morte, tornou-se um personagem quase legendário, símbolo do Terror e monstro sanguinário para alguns, essência da Revolução e guardião da moral republicana para outros.

O que era o culto ao Ser Supremo?
Robespierre concebeu uma espécie de religião "civil", baseada na virtude, que substituiria a religião católica.

Olympe de Gouges, em nome das mulheres

Mulher letrada, Olympe de Gouges achava que as mulheres tinham sido esquecidas pela Revolução. Sua luta lhe custou a vida.

Mulheres, mas não cidadãs

Nascida em 7 de maio de 1748, em Montauban, Olympe chegou a Paris no ano de 1770 para escrever peças de teatro. Era uma mulher livre, alegre e apaixonada, mas também furiosa, indignada com a Declaração dos Direitos do Homem, de 1789, que tinha deixado as mulheres de fora. Por mais que participassem dos acontecimentos e combates da Revolução, como na marcha para Versalhes, em outubro de 1789, as mulheres eram relegadas às tarefas domésticas. Nenhuma participava das assembleias. Pior ainda, elas não tinham o direito de votar, pois não eram consideradas cidadãs. Assim, em 1791 Olympe redigiu uma Declaração dos Direitos da Mulher e da Cidadã, que estipulava: "A mulher nasce livre e vive igual ao homem em direitos".

Cartas anti-Robespierre

Dois anos depois, em 1793, ela se insurgiu contra o Terror, escrevendo a respeito em cartas e livros. Também criticou Robespierre, que havia se tornado o homem forte do regime: "É sempre ruim quando um Estado é personificado num único indivíduo, seja ele um rei, um santo ou um fanático que acredita estar sacrificando a vida pela verdade". Suas palavras foram fatais. Olympe acabou presa, denunciada por seu editor.

Condenada à morte

Em 2 de novembro, ela foi interrogada pelo terrível Fouquier-Tinville, o temido promotor do Tribunal Revolucionário. Não teve advogados. Fouquier-Tinville censurou-a por estar na origem dos clubes de mulheres que a Convenção acabava de proibir, por julgá-los perigosos para a paz pública. Também acusou-a de defender Luís XVI, mas, acima de tudo, de escrever cartas que criticavam Robespierre. A sentença não tardou: "O Tribunal condena Olympe de Gouges à pena de morte".
Em 3 de novembro de 1793, Olympe foi levada à Praça da Revolução para ser guilhotinada. Ela subiu ao cadafalso dizendo: "Filhos da pátria, vocês vingarão minha morte!". Antes da queda da lâmina, uma mulher gritou da multidão: "Morra!".

Você sabia?
Na França, as mulheres só conquistaram o direito de votar em 21 de abril de 1944. Votaram pela primeira vez em abril de 1945.

A República "burguesa"

Depois dos excessos do Terror, a Revolução se estabilizou. E a França viveu um período relativamente calmo.

Os termidorianos
Com a queda de Robespierre, os deputados da Convenção tentaram restabelecer a calma. Chamados de "termidorianos" devido ao golpe de Estado de 9 termidor (ver p. 59), eles extinguiram o Comitê de Salvação Pública e o Tribunal Revolucionário. Nas ruas, as pessoas queriam se divertir, viver...

A derrota dos *sans-culottes*
A Convenção "termidoriana" não queria excessos populares e proibiu aglomerações. Algumas revoltas logo eclodiram nos bairros mais distantes de Paris. Em 1º de abril e 20 de maio de 1795, os *sans-culottes* invadiram a Assembleia, exigindo pão e o restabelecimento da Constituição suspensa pelos Montanheses em junho de 1793. A Convenção reagiu, assustada, mandando prender os Montanheses acusados de apoiar os revoltosos. Foi a derrocada dos *sans-culottes*.

Terror Branco

No sul da França, grupos monarquistas atacavam os revolucionários, no chamado "Terror Branco". Sabendo que não conseguiriam voltar ao poder por meio de eleições, tentavam atacar a Convenção. A revolta foi reprimida, em 5 de outubro de 1795 (13 vindemiário do Ano II), por um jovem general, Napoleão Bonaparte. O povo ganhou um novo herói.

O Diretório

A Convenção se dissolveu em 26 de outubro de 1795 e deu lugar ao Diretório, encarregado de aplicar a nova Constituição do Ano III. Cinco diretores estavam no comando, eleitos por duas assembleias, o Conselho dos Quinhentos (que discutia e votava as resoluções) e o Conselho dos Anciãos (que transformava ou não as resoluções em leis). Eles precisaram enfrentar uma situação econômica complicada: não havia dinheiro, e as desigualdades se acentuavam. Revolucionários comandados por Gracchus Babeuf tentaram desencadear uma série de levantes, na chamada Conspiração dos Iguais, que foi esmagada. Babeuf foi condenado e executado. Os membros do Diretório fizeram um novo apelo ao Exército para repelir os monarquistas que queriam um golpe de Estado. Impopular, o regime se enfraquecia. Tudo parecia pronto para que um salvador da pátria tomasse o poder. Esse homem foi Bonaparte...

Quem eram os "incríveis"?

No início de 1795, os burgueses de Paris festejavam. Interessavam-se mais por moda do que por política. Era possível cruzar, nas ruas da capital, com os "incríveis" e as "maravilhosas", que se entregavam a todo tipo de excentricidade no vestuário e na linguagem. Eles não pronunciavam os "r", diziam "ju'o" ou "que ho'or".

Bonaparte, o novo astro

Em 1795, um jovem general corso conseguiu importantes vitórias na Itália. Seus feitos o transformaram em ídolo dos franceses.

O filho da Córsega
Era uma vez um menino de apenas dez anos. Era pequeno, com cabelos pretos. Tinha um sotaque estranho e se chamava Napoleone. Mas ninguém na escola militar de Brienne, na Champagne, ousava zombar dele, pois o pequeno Bonaparte era esquentado. Ai de quem o desrespeitasse! Além disso, era ótimo aluno em matemática, história e geografia. Napoleão era corso. Sua ilha tinha sido anexada ao reino da França apenas em 1768. Ele nasceu em Ajaccio um ano depois, em 15 de agosto de 1769.

Volta para casa
Bonaparte foi admitido na Escola Militar de Paris em 1784. Saiu como tenente. Em 1789, quando a Revolução eclodiu, estava em Auxonne, na Borgonha. Aplaudiu a abolição dos privilégios, mas não aprovou as violências. Napoleão voltou para a Córsega esperando tornar-se o braço direito de Paoli, um político que queria a independência da ilha. Mas os dois não se entenderam. Em 1793, a Convenção decretou a prisão de Paoli. Acusados de traição, Napoleão e a família precisaram deixar a ilha e se refugiaram em Toulon. Mas a Convenção precisava de um militar para retomar a cidade dos ingleses. Foi Bonaparte quem conseguiu expulsar o inimigo britânico. O feito o fez ser nomeado general de brigada aos 24 anos!

A campanha da Itália

A carreira de Napoleão decolou, e ele ainda era amigo do irmão de Robespierre. Em julho de 1794, no entanto, o Incorruptível caiu. Bonaparte foi preso. Não estava mais a favor do vento, mas a tentativa de golpe de Estado de 13 vindemiário o recolocou no jogo: ordenaram-lhe que reprimisse uma revolta de monarquistas em Paris; ele abriu fogo contra os manifestantes, e a Convenção foi salva. Pouco depois, Bonaparte se tornou chefe dos exércitos da Itália. Enfrentou a Áustria e obteve vitórias estrondosas. Nos tratados de paz, Bonaparte exigia dos vencidos quantias importantes e, apesar de guardar boa parte para si e para a família, encheu os cofres do Estado. Além disso, o general publicava seu próprio jornal, *Le Courrier de l'Armée d'Italie*. O pequeno corso sabia se propagandear! Tornou-se o ídolo dos franceses. A ponto de se tornar uma ameaça ao poder...

Quem foi Joséphine de Beauharnais?
Nascida na Martinica, em 1763, viúva de um nobre, conheceu o jovem Napoleão, que se apaixonou por ela. Eles se casaram em 9 de março de 1796. Tornou-se imperatriz, mas Napoleão I se divorciou dela em 1809.

Como terminar uma revolução

O Diretório foi derrubado com um golpe de Estado, e Bonaparte tomou o poder. A Revolução chegou ao fim.

A campanha do Egito
Popular ao extremo, Bonaparte se tornou uma ameaça para o Diretório, que decidiu enviá-lo ao Egito para interromper a rota da Inglaterra rumo às Índias. À frente de 280 navios e 54 mil homens, o jovem general partiu de Toulon em 19 de maio de 1798. Em 1º de julho, a expedição chegou a Alexandria. No dia 21, a cavalaria turca foi esmagada ao pé das pirâmides. Ali, Bonaparte teria dito: "Soldados, imaginem que, do alto dessas pirâmides, quarenta séculos vos contemplam!". Os franceses se instalaram no Cairo, mas, uma semana depois, o almirante inglês Nelson destruiu a frota francesa no Mediterrâneo. Bonaparte obteve novas vitórias e, em agosto de 1799, foi informado de que a França era novamente ameaçada por uma coalizão das potências europeias. Decidiu voltar, deixando seu exército no local.

O golpe de Estado de 19 brumário

Na França, o Diretório periclitava, enfrentando a falência e o descontentamento de toda a população. Temia-se um retorno dos monarquistas. Alguns deputados estavam dispostos a seguir qualquer homem de pulso firme capaz de trazer um pouco de ordem ao país. Ajudado por um dos membros do Diretório, Sieyès, e pelo irmão Lucien, Bonaparte dispersou os membros dos Conselhos, reunidos em Saint-Cloud, forçou os diretores a pedirem demissão e tomou o poder. Foi o golpe de Estado de 18 e 19 brumário do Ano VIII. Foi o fim do Diretório. E da Revolução.

O Primeiro Cônsul

No dia seguinte ao golpe de Estado, três homens assumiram o poder: Bonaparte, Sieyès e Ducos, os chamados cônsules. Na verdade, somente o Primeiro Cônsul decidia. E o Primeiro Cônsul era Bonaparte. Ele era o homem forte. Queria ao mesmo tempo continuar as obras da Revolução e acabar com os problemas. Para consolidar sua autoridade, fez com que o elegessem cônsul vitalício em 1800. A França passou a viver sob uma ditadura militar. A Revolução era coisa do passado...

Você sabia?

Em 1804, após um complô monarquista, a população votou para que Bonaparte se tornasse imperador dos franceses. Em 2 de dezembro, ele foi consagrado na catedral de Notre-Dame, em Paris. Começava o Primeiro Império. Napoleão I abdicou duas vezes, em 1814 e em 1815, e morreu em Santa Helena em 5 de maio de 1821, prisioneiro dos ingleses.

A Revolução serviu para alguma coisa?

Ela abriu caminho para um mundo melhor? Façamos o balanço desse período tumultuado e fascinante.

Ela pôs fim à monarquia absolutista
Em 1789, o rei perdeu grande parte de seus poderes. A monarquia tornou-se parlamentar, um pouco como a que existe hoje no Reino Unido ou na Suécia. Ela foi extinta em 1792, com o advento da Primeira República. No entanto, foi reinstaurada com Luís XVIII, Carlos X e Luís Filipe, e foi preciso esperar o ano de 1848 para que a França de novo vivesse sob uma república.

Ela colocou a democracia em evidência
A Revolução Francesa não inventou a democracia, nem a república. Mas foi a primeira vez que esse regime foi instaurado num grande país europeu. Vários Estados seguiram o exemplo da França nos anos que se seguiram. Hoje, todos os países da União Europeia vivem sob democracias.

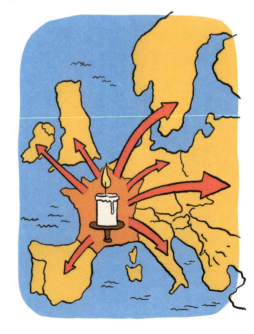

Ela aboliu os privilégios

Na noite de 4 de agosto de 1789, a nobreza e o clero renunciaram a seus privilégios. No fim das contas, porém, nem todos se beneficiaram com isso. Os operários, em especial, foram os grandes perdedores da Revolução, pois sua condição pouco melhorou.

A vida dos franceses mudou

Nas famílias, cessaram os direitos de primogenitura: todos os filhos recebiam partes iguais no momento da sucessão. Os franceses tornaram-se em princípio iguais perante as leis e os impostos. Estavam livres para praticar a religião que quisessem...

O país foi unificado

Um dos méritos da Revolução foi ter dado à França a unidade que lhe faltava. Paris tornou-se o centro do poder, e a chamada centralização é, até hoje, uma das particularidades do país.

Lembranças da Revolução

Datas, monumentos, ideias, símbolos... O que restou da Revolução?

Os direitos humanos
A Declaração de 1789 ainda se faz presente nos espíritos e nos textos. Ela foi retomada em épocas diferentes: em 1848 (foram acrescentados o direito ao trabalho e a liberdade de ensino) e em 1948.

O sufrágio universal
Foi instaurado pela primeira vez em setembro de 1792, para a eleição da Convenção, mas ainda excluía as mulheres (e os criados).

O júri
Formado por cidadãos selecionados aleatoriamente que se reuniam ao lado dos juízes nos julgamentos, foi instaurado em 1790.

Os departamentos
Quase todos os departamentos franceses datam de 1791. Os deputados criaram 83, para substituir as províncias. Quase todos continuam com o mesmo tamanho. Em cada um, a capital fica a um dia de cavalgada das fronteiras (cerca de quarenta quilômetros).

O sistema métrico
Em março de 1794, foram criados o litro, o grama, o metro, o are, o estere, o franco...

O divórcio
A lei de 20 de setembro de 1792 (anulada em 1816 e restabelecida em 1884) instaurou a ruptura legal do casamento.

E também...
A educação gratuita e obrigatória para todos, o Código Civil (posto em prática em 1804), a abolição da escravidão (restabelecida por Napoleão e definitivamente abolida em 1848), as grandes escolas, a guilhotina (que só desapareceu em 1981, com a extinção da pena de morte)...
E alguns símbolos: o lema "Liberdade, Igualdade, Fraternidade", a bandeira azul, branca e vermelha, "A marselhesa" como hino nacional, o 14 de Julho transformado em festa nacional em 1880...

Você sabia?
Algumas pedras da Bastilha encontram-se expostas na estação de metrô que leva esse nome (linha 5), em Paris.

Teste

1. Luís XVI era neto de:
a. Luís XIV
b. Luís XV
c. Henrique IV

2. Quais destes homens não foram ministros de Luís XVI?
a. Turgot
b. Colbert
c. Sully
d. Calonne

3. Que canção revolucionária virou hino nacional?
a. "Le Chant du départ"
b. "La Carmagnole"
c. "Le Chant de guerre pour l'armée du Rhin"

4. Em 20 de junho de 1789, os deputados prestaram juramento num salão de Versalhes. Qual?
a. A sala dos Passos Perdidos
b. A sala dos Menus-Plaisirs
c. A sala do Jeu de Paume

5. Mirabeau foi guilhotinado em 1791.
☐ Verdadeiro
☐ Falso

6. De Launay foi diretor...
a. Da Bastilha
b. Das Tulherias
c. Do Templo

7. Quem reconheceu Luís XVI em Varennes?
a. Marat
b. Drouet
c. Bailly

8. Varennes fica hoje no departamento do Meuse.
☐ Verdadeiro
☐ Falso

9. Quem dirigiu a revolta dos escravos no Haiti, em 1791?
a. Jean Laverdure
b. Timon Lassoudure
c. Toussaint Louverture

10. Um *sans-culotte* usava:
a. Calções
b. Calças
c. Shorts

11. Coloque as quatro assembleias em ordem.
a. Constituinte
b. Convenção
c. Diretório
d. Legislativa

12. Quem disse: "Mostre bem minha cabeça ao povo. Ela vale a pena"?
a. Danton
b. Saint-Just
c. Robespierre

13. Frimário é o mês do frio.
☐ Verdadeiro
☐ Falso

14. Robespierre era:
a. Médico
b. Jornalista
c. Advogado
d. ASTRONAUTA

15. As mulheres obtiveram o direito de voto em 1793.
☐ Verdadeiro
☐ Falso

16. Quem escreveu a "Declaração dos Direitos da Mulher"?
a. Louise Michel
b. George Sand
c. Olympe de Gouges

17. Como se chama hoje a Praça da Revolução, em Paris?
a. Praça da Concórdia
b. Praça da Nação
c. Praça da República

18. Charette foi um líder montanhês.
☐ Verdadeiro
☐ Falso

19. Qual destes homens não morreu guilhotinado?
a. Saint-Just
b. Bailly
c. Marat

20. Um poeta famoso foi guilhotinado em 1794. Quem?
a. Lamartine
b. André Chénier
c. Alfred de Musset

Respostas

1-b
2-b (ministro de Luís XIV) e e (ministro de Henrique IV).
3-c (ou "A marselhesa").
4-c
5-falso (morreu de doença)
6-a
7-b (era o diretor do posto de Sainte-Menehould)
8-verdadeiro (na Argonne)
9-c
10-b
11-a, d, b, c
12-a
13-verdadeiro (novembro-dezembro)
14-c
15-falso (em 1944)
16-c
17-a
18-falso (foi um líder vendeiano)
19-c (assassinado no banho)
20-b

78

1ª EDIÇÃO [2015] 4 reimpressões

ESTA OBRA FOI COMPOSTA EM SCALA SANS E SASSOON INFANT POR ACOMTE E
IMPRESSA PELA GRÁFICA BARTIRA EM OFSETE SOBRE PAPEL ALTA ALVURA DA SUZANO S.A.
PARA A EDITORA CLARO ENIGMA EM MARÇO DE 2023

A marca FSC® é a garantia de que a madeira utilizada na fabricação do papel deste livro provém de florestas que foram gerenciadas de maneira ambientalmente correta, socialmente justa e economicamente viável, além de outras fontes de origem controlada.